Docteur PAPUS

LUMIÈRE INVISIBLE
MÉDIUMNITÉ
ET MAGIE

RAYONS X ET LUMIÈRE ASTRALE.
L'ÉLECTROGRAPHE DE M. IODKO.
L'EXTÉRIORISATION DE LA VIE ET LES MOUVEMENTS
SANS CONTACT.

Avec trois planches électrographiques inédites.

PRIX :
UN FRANC

PARIS
ÉDITION DE L'INITIATION
5, RUE DE SAVOIE, 5

1896

PRINCIPAUX OUVRAGES DU MÊME AUTEUR

EN VENTE A LA MÊME LIBRAIRIE

Traité Méthodique de Science Occulte. — 1 vol. in-8 raisin de 1200 p., orné de 400 gravures, planches et tableaux, avec préface de Ad. Franck. . . . . . 16 fr.

Le Tarot des bohémiens. — Clef absolue de la science occulte. Beau vol. in-8 raisin de 372 p. avec nomb. grav. . . . . 9 fr.

La Kabbale. — Résumé méthodique, 1 vol. in-8, raisin. . . . . 5 fr.

Traité élémentaire de Magie pratique. — Adaptation, Réalisation, Théorie de la Magie. — Appendice sur l'histoire et bibliographie de l'évocation magique. Dictionnaire de la Magie des campagnes, les Philtres d'Amour, etc. Beau vol. in-8 raisin de 360 p. avec 158 figures, planches et tableaux . . . . 12 fr.

Essai de Physiologie synthétique. — Vol. gr. in-8 avec 35 schémas inédits (épuisé) . . . . 4 fr.

L'Anatomie philosophique et ses divisions. — Beau vol. in-8 raisin . . . . 4 fr.

Les Arts divinatoires. — Graphologie; Chiromancie; Physiognomie; Astrologie. Broch. in-18 jésus avec nombreux dessins . . . . 1 fr.

Peut-on envoûter ? — Broch. in-18 ornée d'une gravure curieuse représentant un pacte de sorcellerie au XIVe siècle. 1 fr.

Anarchie, Indolence et Synarchie. — Broch. in-8 jés. 1 fr.

La Science des Mages et ses Applications théoriques et pratiques. — Petit résumé de l'occultisme (*Entièrement inédit*). Petit volume in-18 de 72 pages. . 50 c.

L'Etat de trouble et l'Evolution posthume de l'Etre humain. — Brochure in-8 . . . . 50 c.

Louis-Claude de Saint-Martin. — Vol. in-18 (*En préparation*) . . . . 4 fr.

Jean Baptiste Willermoz. — Volume in-18 (*En préparation*) . . . . 1 fr.

Traité Synthétique de Graphologie. — Comprenant la Graphologie synthétique, la Graphologie analytique et la Graphologie comparée (*En préparation*).

La Magie et l'Hypnose. — Contrôle expérimental des phénomènes et des enseignements de la Magie au moyen de l'Hypnose. (*En préparation*).

LES
RAYONS INVISIBLES

ET LES

Dernières expériences d'Eusapia

DEVANT L'OCCULTISME

PAPUS

LES
RAYONS INVISIBLES

ET LES

Dernières expériences d'Eusapia

DEVANT L'OCCULTISME

TOURS

IMPRIMERIE E. ARRAULT ET Cⁱᵉ

6, RUE DE LA PRÉFECTURE, 6

1896

LES RAYONS INVISIBLES

Et les dernières expériences d'Eusapia

DEVANT L'OCCULTISME

Le caractère bien personnel de l'occultisme contemporain dans l'étude du monde invisible, a été d'insister longuement sur les recherches concernant *le milieu* dans lequel se produisaient la plupart des phénomènes.

Si notre conception *du corps astral*, fidèlement pareille à celle qu'en avaient les Égyptiens de la XVIIIe dynastie, pouvait permettre certains rapprochements avec celle du périsprit, il n'en est plus de même lorsque nous étudions *le plan astral* et *la lumière astrale* dans leurs divers rapports avec notre plan et notre lumière physiques.

D'autre part, nous nous sommes attiré pas mal de polémiques pour avoir affirmé que *quatre-vingt-dix-neuf fois sur cent* les phénomènes physiques de déplacement d'objets et d'attouchements étaient produits non pas par des esprits, mais bien simplement par l'extériorisation du corps astral du médium. Or ces deux points viennent d'être scientifiquement confirmés : le premier par les expériences de Narkowictz Iodko d'une part (pour l'od), Rœntgen d'autre part pour les rayons *x* et enfin Lebon pour la lumière noire; le second point a été particulièrement affirmé dans les très belles expériences faites par une commision scientifique opérant avec Eusapia Paladino chez M. de Rochas et dont le procès-verbal est rapporté tout au long dans le dernier numéro des *Annales des sciences psychiques*.

Nous voulons résumer autant que possible les points divers que nous allons aborder, et cependant ce résumé, pour être clair, demandera un certain développement. Nous le diviserons donc en deux parties : la première consacrée aux rayons invisibles, et la seconde aux phénomènes psychiques. Nos lecteurs, en adjoignant à ce travail les recherches des rédacteurs de l'*Initiation* sur le même sujet, auront une idée à peu près complète de la question.

PREMIÈRE PARTIE

RAYONS INVISIBLES ET LUMIÈRE ASTRALE

Le Mouvement

Avant tout, résumons aussi clairement que possible la grande théorie unitaire de Louis Lucas (1) entrevue aussi par Chardel (2).

Deux éléments se trouvent en présence :

Le Mouvement, absolu de la Force.

La Matière, absolu de l'inertie, dérivée elle-même

---

(1) Louis Lucas, *Chimie nouvelle*.
(2) Chardel, *Psycho-physiologie* (Introduction).

d'une polarisation du mouvement que nous n'avons pas à approfondir ici.

Le Mouvement agit sur la Matière, et cette action donne naissance aux modalités du Mouvement dénommées *forces physiques*.

Beaucoup de Mouvement aux prises avec peu de Matière produit les forces physiques dites supérieures ou à vibrations courtes et rapides, — magnétisme électricité, — ou forces à haute tension, à haut potentiel.

Beaucoup de Matière aux prises avec peu de Mouvement produit les forces physiques dites inférieures ou à vibrations longues et lentes, — chaleur, — faits acoustiques ou forces à basse tension, à faible potentiel.

La Lumière semble réaliser l'équilibre entre le Mouvement et la Matière.

Si bien qu'une même quantité du même Mouvement donnera des forces différentes suivant les différentes quantités de Matière avec lesquelles elle se trouvera en rapport, ce que nous pouvons indiquer ainsi.

```
                    Peu de Matière
                                        Mouvement à haut po-
                                        tentiel. — Magnétisme,
                         △              Électricité.
  Même quantité de
     mouvement
                                        Mouvement à bas po-
                                        tentiel. — Chaleur, Son.
                   Beaucoup de Matière
```

Cette loi se répète exactement pour chacune des modalités appelées forces physiques, et, si nous prenons *la Lumière* comme exemple, nous aurons des rayons ultra-violets du côté du haut potentiel et des rayons infra-rouges du côté du faible potentiel.

On s'est étonné qu'il y ait dans la lumière *des rayons invisibles à l'œil humain*. Cet étonnement ne pouvait que naître dans le cerveau d'un romancier de l'école de Huysmans ou d'un journaliste, car depuis longtemps les candidats au baccalauréat ès sciences savent qu'il y a des rayons *ultra-violets* et *infra-rouges* invisibles à l'œil humain. Bien plus, la photographie du ciel a permis de découvrir des étoiles que même les forts grossissements ne pouvaient permettre à l'œil humain d'apercevoir.

Pour traiter la question non pas comme un savant que nous n'avons jamais eu la prétention d'être, mais comme un chercheur teinté d'un peu de science, disons :

La lumière dans l'échelle des modalités du Mouvement touche *par en bas* à la chaleur et *par en haut* au Magnétisme. Nous classerons l'Electricité un peu au-dessous du Magnétisme, et nous dirons, en se rapportant à *l'œil humain à l'état normal* :

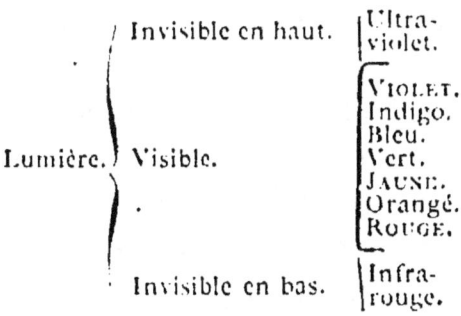

Et maintenant parlons des nouveaux rayons découverts en ces derniers temps.

Les Rayons cathodiques

Les travaux de Lénard en France ont mis au jour certains rayons produits à la *cathode* d'un tube de Crookes *par l'électricité à haut potentiel.* Ces rayons ont plusieurs qualités parmi lesquelles nous retiendrons les suivantes :

1° Ils peuvent traverser des plaques d'aluminium très minces ; mais *ils se perdent bientôt* dans les milieux extérieurs au tube de Crookes.

2° *Ils sont attirés par l'aimant.*

Ces deux propriétés nous suffiront pour ne plus nous tromper au sujet des rayons dit *cathodiques*.

Les Rayons X

Rœntgen a découvert par hasard d'autres rayons qu'il a nommés rayons *x* et que nous caractériserons par les propriétés suivantes.

1° Ils peuvent sortir hors du tube du Crookes et traverser en ligne droite le milieu extérieur assez loin sans se perdre.

2° L'aimant n'a aucune action sur eux pas plus que les lentilles.

3° Cependant la déviation des rayons cathodiques par l'aimant agit sur leur direction au départ.

4° Enfin ils sont arrêtés plus ou moins longtemps en raison directe de la densité de la substance qu'on leur oppose (ce qui a donné lieu à toutes les photographies de ces derniers temps).

La Lumière noire

Le Docteur Gustave Lebon a découvert d'autre part

une autre série de rayons *traversant les métaux denses* et impressionnant une plaque photographique à travers ces métaux.

Voici la description du procédé rapportée par *l'Illustration* du 1er mars :

« Dans un châssis ordinaire on introduit une glace sensible et, au-dessus d'elle, un cliché photographique quelconque ; puis, au-dessus du cliché et en contact intime avec lui, une épaisse plaque de fer, couvrant entièrement la face antérieure du châssis. Si l'on expose la glace ainsi masquée par la lame métallique, à la lumière d'une lampe à pétrole pendant trois heures, un développement très prolongé, poussé jusqu'à entier noircissement de la glace sensible, donne une image du cliché, extrêmement pâle, mais très nette par transparence.

« Il suffit de modifier très légèrement l'expérience précédente pour obtenir des images aussi vigoureuses que si aucun obstacle n'était interposé entre la lumière et la glace sensible. Pour cela, sans rien changer au dispositif précédent, on place derrière la glace sensible une lame de plomb d'épaisseur quelconque dont on rabat les bords de façon qu'ils recouvrent légèrement les côtés de la plaque de fer. De cette façon la glace sensible et le cliché sont emprisonnés dans une sorte de châssis métallique ; et, après trois heures de pose, soit à la lumière du pétrole, soit à la lumière solaire, le développement donne une image aussi vigoureuse que celle obtenue par les rayons ordinaires. Pour expliquer ce fait, M. G. Lebon admet provisoirement que le contact des deux métaux étrangers donne naissance à de très faibles courants thermo-électriques dont l'action viendrait s'ajouter à celles des radiations lumineuses ayant traversé la lame de fer.

« L'auteur donne le nom de *lumière noire* à ces dernières radiations, de nature inconnue.

« Quoi qu'il en soit, il est certain maintenant que l'opacité des corps n'est qu'une qualité relative qui dépend seulement de l'organisation de notre œil, et qu'avec un organisme visuel beaucoup plus sensible, il n'existerait sans doute pour nous que des objets plus ou moins transparents.

« Ces nouvelles données de la science positive doivent nous rendre très réservés sur l'appréciation des phénomènes de double vue attribués à certains sujets hypnotisés, et même aux phénomènes, si troublants, d'hallucinations télépathiques.

« Tous ces phénomènes merveilleux, niés énergiquement par les esprits positifs, sont peut-être à la veille de recevoir leur explication scientifique. »

OD. OB. AoR.

Comment ces données se raccordent-elles à la physique occulte ? C'est ce que nous allons chercher maintenant à déterminer.

Louis Lucas a démontré, et les découvertes modernes lui donnent raison, que toutes les forces physiques sont des manières d'être, *des modalités* d'une seule et même force, qu'il appelle *le Mouvement*. Ce mot correspond bien à ce que, dans le sanctuaire de Thèbes on appelait *la Puissance en Mouvement* et que Moïse a désigné par le mot אר (A R) formé des signes de la Puissance (A א) et des signes du mouvement personnel (ר R). De même que ce Mouvement va *se sérier* en les diverses forces physiques suivant la quantité de matière qu'on lui opposera, de même ce mot אר (A R) va, dans toutes les langues connues, signifier alternativement la terre, l'eau, l'air, le feu, l'éther, la lumière *suivant le signe qui y sera joint* ainsi que le remarque Fabre d'Olivet commentant le cinquième verset du chapitre 1er de Moïse, — tant est merveilleuse la langue hébraïque.

Les hermétistes, pour désigner les modalités diverses de ce Mouvement, ont employé une bien belle méthode. Ils ont adopté le signe convertible ו (Vaô ou o) qui désigne hiéroglyphiquement l'œil humain et physiquement *la lumière*, et ils ont dit :

La Lumière (O) alliée au signe de *l'action intérieure et active* (B) désignera toutes les modalités dans lesquelles la lumière sera dominée par la Matière, c'est-à-dire sera à faible tension ou, comme on dit aujourd'hui, à faible potentiel.

La lumière O, alliée au signe de la *Nature divisible et divisée* D, désignera toutes les modalités dans lesquelles la lumière dominera la Matière, et sera à haute tension.

Enfin la lumière O, dominée par le signe de la Puissance A et déterminée par le signe du Mouvement propre R, indiquera l'équilibre magnifique des deux antagonistes et désignera sous le nom d'AOR (אור) la Lumière elle même ou les Rayons jaunes et sous le nom d'AOUR אוֹר le feu (1). Voici le schéma de ces diverses modalités.

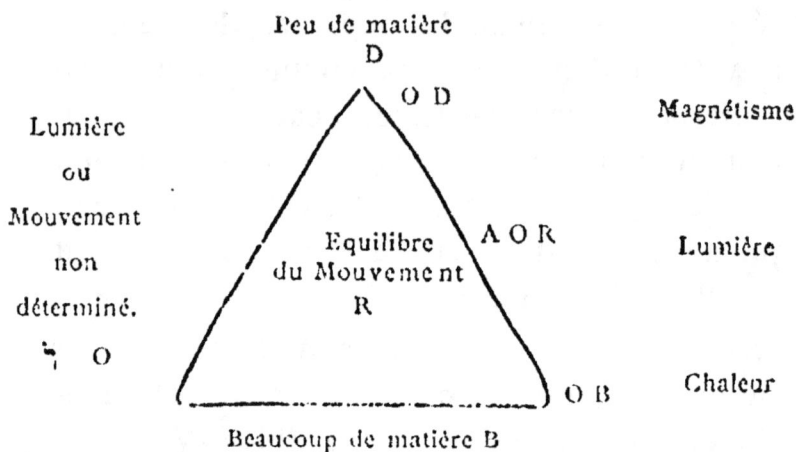

Keely, le célèbre et malheureux inventeur américain, avait développé avec une grande capacité des idées analogues :

« Qu'est-ce que la lumière et la chaleur, et comment sont-elles développées ?

Et pourquoi sont-elles si intensivement perceptibles comme émanant du monde solaire ?

La lumière et la chaleur, considérées théoriquement, appartiennent à l'ordre le plus élevé des phénomènes. Elles peuvent seulement être expliquées

---

(1) *Aor* la Lumière.
Ce mot dérive directement du mot אוּר (AOUR) *le feu*. La seule différence de l'un à l'autre, c'est que dans le mot qui désigne le feu, c'est le signe convertible universel ו (ou) qui forme le lien entre le signe de la Puissance א et celui du mouvement propre ר (R), tandis que dans le second c'est le signe intelligible ו (ô).

(*Fabre D'Olivet.*)

par la rapidité des|courants sympathiques, comme interéchangeables entre les centres de focalisation négatifs et attractifs. En considérant que la rapidité de vibration, associée à la projection d'un rayon de lumière, est d'au moins cent mille milliards par seconde, il est facile d'expliquer l'origine et la révélation de ces deux éléments par l'action des courants sympathiques célestes.

Lumière et chaleur ne sont pas développées jusqu'à ce que la force du courant vibratoire sympathique, projetée du centre neutre du soleil, vienne en percussion atomique contre l'atmosphère moléculaire ou enveloppe de notre planète (1).

M. Clavenad a été plus loin que personne dans la même voie :

« Ce qu'on a appelé rayons Rœntgen ou rayons x est une des infinies manifestations du mouvement libre par opposition avec le mouvement effectif en action sur la matière, lequel donne lieu à la chaleur, à l'électricité, à la lumière.

« Dans tout phénomène il faut distinguer trois termes primordiaux : la matière, le mouvement effectif aux prises avec la matière (lumière, chaleur, électricité), et le mouvement libre.

« Et que le receptacle, le véhicule du mouvement libre, soit un milieu matériel ou non, au sens ordinaire du mot, c'est ce que nous ne devons pas rechercher, nous contentant de le constater. Qu'on l'appelle

---

(1) Keely, trad. par Lermina (*Initiation* de février 1891, p. 396).

éther, milieu *x*, etc., etc.. aucune de ces dénominations n'aura la clarté de celle-ci : mouvement libre. Je crois que personne ne songe à donner la paternité de son nom au « mouvement libre » : elle serait un peu grosse et elle n'appartient à qui que ce soit (1). »

Un simple rapprochement entre les trois schémas précédents suffira pour avoir une première idée des rapports de la physique et de l'enseignement occulte.

Occupons-nous maintenant des rayons nouvellement étudiés et étudions *philosophiquement* leur genèse.

Marche du Mouvement

L'occultisme enseigne que le Mouvement suit, dans sa marche, la loi universelle d'aspir et de respir, manifestée par la Lumière et l'Ombre, la Vie et la Mort, le flux et le reflux, etc.

1° Dans la première phase, le Mouvement va du Principe à l'Être ou (pour prendre un exemple) du Soleil à l'homme ;

2° Dans une seconde phase, le Mouvement pénètre l'Être et le sature progressivement. De là dans l'homme les phénomènes de la Vie. *Cette phase est double ;*

3° Enfin dans une troisième phase, le Mouvement, après son passage dans l'Être, repart vers le Principe, après s'être imprégné de toutes les qualités qu'il a trouvées dans l'Être. De là dans l'homme les phénomènes de *rayonnement vital* et de *magnétisme*.

---

(1) Clavenad, ingénieur en chef des Ponts et Chaussées, dans *l'Eclairage électrique* du 7 mars 1896.

Jusqu'à ces derniers temps, la Science ne connaissait que la première phase et un peu de la seconde, mais ignorait totalement la troisième.

Voyons comment l'expérience a permis de s'en rendre compte.

Si l'on considère l'être à l'état normal, c'est-à-dire plongé dans la lumière, il sera très difficile de se rendre compte de la réaction de cet être sur le milieu à cause de l'énorme potentiel du milieu par rapport à cet être.

Il faut donc créer un état artificiel en *isolant cet être de la lumière*, c'est-à-dire en supprimant le grand courant involutif. Voilà ce qu'avait fait *Reichenbach* il y a près de cent ans et en plaçant des hommes et des choses *dans l'obscurité absolue*, il avait immédiatement constaté l'ÉMISSION DE LA PART DE CES ÊTRES ET DE CES CHOSES D'UNE LUMIÈRE CARACTÉRISTIQUE qu'il appela OD.

Mais il existe un autre moyen aussi d'augmenter le rendement de cette lumière qui sort des êtres, c'est de *surcharger ces êtres de mouvement* au moyen de l'électricité, et alors il n'y a plus besoin de sensitif, la plaque photographique suffit.

C'est à un savant russe, M. Narkowietz Iodko, que revient l'honneur d'avoir mis au jour cette seconde et fructueuse méthode.

Milieu et Tension

Étant donné un milieu à la tension 10 et des objets et des êtres situés dans ce milieu à la tension 1, ces êtres et ces objets sont entièrement soumis à la pression du milieu, il est impossible de se rendre compte de leurs réactions sur ce milieu. Pour se rendre compte de ces réactions il y a trois méthodes :

1° Abaisser la tension du milieu au-dessous de 1, et immédiatement les êtres agiront sur le milieu et un courant ou des rayons spéciaux se manifesteront allant des êtres au milieu et non plus du milieu aux êtres. Voilà ce qu'a fait Reichenbach en plaçant son sensitif dans l'obscurité, et voilà pourquoi *l'obscurité est nécessaire à la manifestation des phénomènes dits spirites.*

2° Élever la tension ou le potentiel des êtres et des choses au-dessus de 10, et immédiatement le même phénomène se reproduira (changement de direction du courant et nouveau rayon).

3° Combiner les deux méthodes précédentes, c'est-à-dire abaisser la tension du milieu en même temps qu'on élève celle des êtres et des choses. C'est ce que fait M. Iodko dans ses plus belles expériences.

Si le lecteur a bien compris ces prémisses, il lui sera facile maintenant de se rendre compte *de la cause des rayons nouveaux.*

Les rayons cathodiques sont produits par l'augmentation considérable du potentiel des molécules situées dans un milieu (le tube de Crookes) dont la tension a été considérablement abaissée. Cette augmentation du potentiel est produite, on le sait, par les décharges électriques d'une bobine à haute tension.

Mais le potentiel du tube peut être augmenté de telle sorte que le mouvement libre ainsi créé sorte de ce tube et traverse le milieu extérieur d'autant plus « intensivement » que la tension dans le tube est plus considérable. Voilà la genèse des rayons x.

Dans ce cas il est inutile d'abaisser la tension du milieu extérieur, et les rayons de Rœntgen traverseront ce milieu aussi bien en pleine lumière qu'en pleine obscurité. Le mouvement libre est, de plus, en telle quantité dans ces rayons, que la densité seule leur sera un obstacle, et encore faudra-t-il des densités énormes pour agir un peu sur l'énorme potentiel qu'ils possèdent.

En résumé et à notre avis les rayons de Rœntgen sont des rayons de mouvement plus encore que des rayons de lumière, et ils sont produits par la réaction considérable artificiellement obtenue d'un corps sur la nature extérieure. Et maintenant que les vibrations soient transversales ou longitudinales, c'est une question de détail et pas du tout une question générale.

Rapports des Rayons invisibles et de l'Od

Prenons un milieu quelconque comme une chambre, enlevons le potentiel extérieur en faisant l'obscurité absolue, notre chambre est ainsi, au point de vue lumineux, au potentiel o.

Plaçons dans cette chambre trois objets : un homme, une plante, un aimant. Que se passe-t-il ?

Ces objets vont *rayonner*, c'est-à-dire manifester leur tension, et ce rayonnement, étudié par Reichenbach, ne sera perceptible que pour des sensitifs. Ce rayonnement sera-t-il assez fort pour impressionner leur plaque photographique, directement peut-être, à travers un objectif ? *Sûrement non* (1).

Mais faisons ce que fait M. Iodko : électrisons négativement le milieu et positivement l'homme. Au moment où l'homme approche une portion quelconque de son individu d'une plaque photographique qui établit la relation entre lui et le milieu, aussitôt le potentiel de cet homme par rapport au milieu se manifestera par *une lumière* sortant de la portion de l'individu qui est le plus près de la plaque, et une magnifique épreuve sera obtenue sur cette plaque.

Dans ce cas la tension obtenue permet seulement *le rayonnement*, les rayons sortent de l'être humain et l'épreuve indique une photographie très curieuse de la surface, mais non de l'intérieur du corps ; l'être n'a pas été traversé. Pourquoi ?

Parce que c'est lui qui a un potentiel plus élevé que celui du milieu. C'est lui qui agit sur le milieu et non le milieu sur lui.

Renversons donc l'expérience. Grâce à un tube de Crookes électrisé (ou tout simplement grâce à une source lumineuse quelconque un peu intense), augmentons sur un point les tensions du milieu. Nous produirons ainsi des rayons qui *traverseront* les corps en raison inverse de la densité de ces corps. Car ici le phénomène précédent sera renversé, et on pourra faire l'expérience :

---

(1) Les expériences négatives faites à ce sujet (photographie d'un aimant dans l'obscurité) par M. de Rochas n'ont donné, je crois, ce résultat négatif que parce qu'on a voulu se servir de l'objectif et qu'on n'a pas mis la plaque sensible en contact, soit immédiat soit simplement médiat avec l'aimant.

1° Soit avec une source lumineuse dont la lumière est concentrée sur un point agissant dans l'obscurité ;

2° Soit avec un tube de Crookes à haute tension électrique, et alors on pourra faire l'expérience en pleine lumière ordinaire.

Les Rayons X et l'Od de Reichenbach

On voit qu'il existe une différence notable entre ce que Reichenbach avait appelé *l'od* et les Rayons *x* ou pénétrants de Rœntgen.

Rappelons que ces rayons *x* ne subissent ni l'action directe de l'aimant, ni l'action des lentilles divergentes ou convergentes, ni l'action du prisme. Cela est important à rappeler, car, dans un très bel article publié dans *la Revue des revues* du 1er mars 1896, M^r le Dr Karl du Prel établit entre les deux ordres de Rayons une similitude qui ne nous paraît en rien fondée.

Ainsi voici, fidèlement rapportés par lui, les caractères physiques de *l'od* de Reichenbach.

Caractères physiques de l'Od de Reichenbach

Cette lumière est réfléchie par des surfaces miroitantes ; elle peut se recueillir avec le verre ardent et se concentrer en un foyer ; elle relève des lois de la polarisation, et montre dans sa partie réfléchie son état od négatif, dans sa partie traversante son état od positif ; elle agit dans l'obscurité après quelques minutes d'exposition sur la plaque photographique et y trace des figures, enfin elle s'élève à un tel degré de force qu'elle produit des ombres que l'on peut circonscrire d'une manière bien limitée (1).

.

Les disciples de Mesmer avaient au reste déjà poursuivi, par des démonstrations objectives en partie réussies, l'examen de la condition physique des rayons odiques. La somnambule de Tardy magnétisée avec une baguette voyait l'od sortir du bout de celle-ci comme un épais fil d'or d'un jaune éclatant semé d'étoiles encore plus éclatantes. Si Tardy prenait dans a main un conducteur, l'effluve était plus fort que celui de simples doigts et s'accélerait dans son mouvement ; le rayon traversait une planche de 8 lignes d'épaisseur, mais semblait perdre de son éclat et de sa vitesse ; la planche se trouvait entre le magnétiseur et la somnambule, mais cette dernière montrait toujours exactement la place sur laquelle il agissait. Si, au lieu de la baguette d'acier, il prenait une baguette magnétique, outre la première lumière elle en voyait immédiatement une seconde constamment en mouvement spiral autour de la baguette. Projeté à travers une lentille convexe, le rayon se réfractait, perdait en éclat mais gagnait en vitesse. Le gain et la perte étaient encore plus grands quand on plaçait l'une derrière l'autre deux lentilles séparées. A travers l'eau magnétisée le mouvement s'accélérait, l'éclat diminuait,

---

(1) *Reichenbach*, Aphorisme 27, cité par Karl du Prel, dans la *Revue des Revues* du 1ᵉʳ mars 1896.

l'eau semblait remplie d'étincelles lumineuses. A travers l'eau non magnétisée, l'éclat s'amoindrissait également, et la vitesse augmentait aussi. Si l'on passait le rayon à travers le cuivre ou l'argent, ces deux métaux retenaient la lumière, l'absorbaient en quantité égale, et elle ne sortait que sous forme de faible vapeur. A travers le fer elle passait sans changement, l'argent la rejetait en un faisceau et l'éparpillait des deux côtés, et il n'y en avait qu'un peu sortant sous forme de vapeur sans apparence. Le mercure la laissait passer en un mouvement accéléré. Aussi la somnambule ne pouvait-elle, durant son sommeil magnétique, se tenir devant un miroir sans se sentir, disait-elle, surchargée de fluide et incommodée. A travers l'or, la lumière passait avec un éclat renforcé et une vitesse accélérée sans se réfracter (1). Il y a cent ans que ces expériences ont été faites, et plus tard le professeur Nanc les a continuées.

Karl du Prel.

(*Revue des revues* du 1ᵉʳ mars 1896.)

Sans insister de nouveau sur le côté expérimental et physique des rayons de Rœntgen qui, a été fort développé par tous nos collaborateurs, demandons-nous ce que peuvent être ces rayons (2) par rapport aux enseignements de l'occultisme.

Nos lecteurs se rendront facilement compte du peu

---

(1) Tardy, *Essai sur la théorie du somnambulisme*, 81. — Idem, *Journal du traitement de Mlle N.*, 1, 78, 79, 133, 141, 187, 191. — Idem, 39.
(2) *Archives de Reil*, ix, 2, 246, 301, 304. — Kluge, *Essai d'une exposition du magnétisme animal*, 122.

de similitude qui existe entre les deux ordres de rayons qui, cependant, dépendent, ainsi que nous l'avons dit, d'une seule et même cause : la direction du mouvement.

La Lumière astrale

La lumière physique visible ne présente que *l'envers* d'une autre lumière dont *l'endroit* constitue ce que les martinistes appellent *la lumière astrale*.

La photographie, *dont la cause réelle touche au grand arcane de la physique ésotérique*, est également *l'envers* sur la Terre des opérations dont *l'endroit* est dans le plan astral.

Or ces nouveaux rayons : cathodiques, rayons X, lumière noire et d'autres qu'avait entrevus Babbitt (1), comme entrant dans la composition intrinsèque de l'atome, constituent *la frontière commune* qui sépare la lumière physique de la lumière métaphysique ou astrale ; et la plaque photographique, grâce à son extrême sensibilité chimique, est un *œil du plan astral* aussi sensible pour les couches inférieures de ce plan que l'œil physique pour le plan physique. Barlet dans sa très belle étude sur la *Chimie synthétique* et plus récemment Striendberg dans *Sylva sylvarum* établissent d'autre part le lien qui relie la chimie (dont la photographie est une des hautes expressions) à la physique métaphysique et ramènent l'une des plus belles sciences analytiques vers une commune synthèse. De même que la plaque photographique *les corps fluores-*

---

(1) Babbitt, *Ligth and Colours*, New-York.

cents participent de cette faculté de sensibilité chimique toute spéciale (1).

Ainsi lumière physique et lumière astrale sont deux pôles d'une seule et même entité. *L'un des pôles de la lumière astrale (le pôle négatif) est dans le soleil blanc ou physique, et l'autre pôle est dans le soleil noir ou métaphysique* (2).

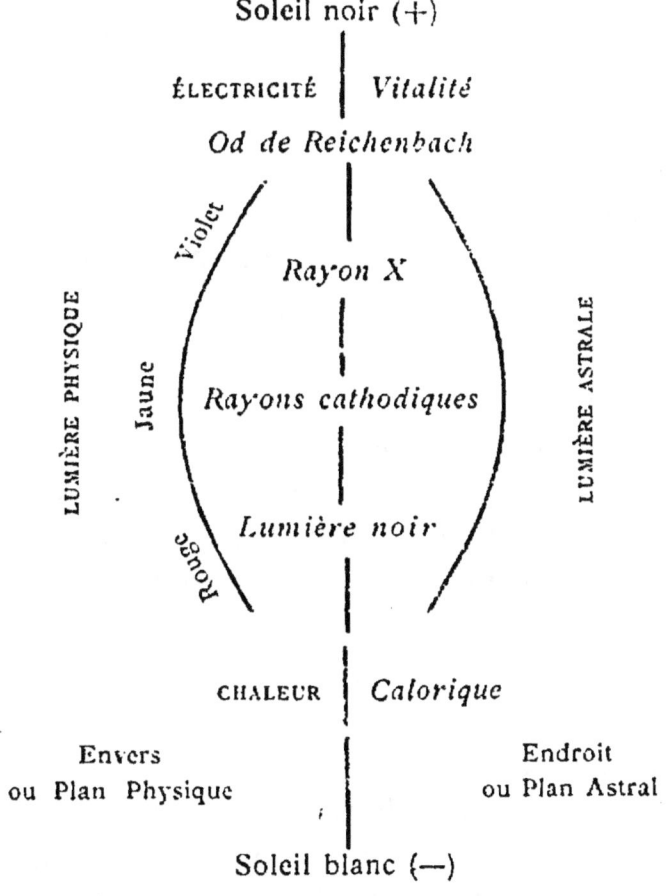

---

(1) Voyez au sujet de la *fluorescence* et de ses *causes secondes* la remarquable thèse de doctorat ès sciences de M. Verneuil.

(2) *Osiris est un Dieu noir.* (Nous croyons être un des premiers à donner *à ceux qui savent* la clef de cette expression initiatique.

Voilà un tableau établissant, *au point de vue de la doctrine ésotérique*, les rapports des deux pôles de lumière.

ENSEIGNEMENTS DU SEPHER BERESCHIT A CE SUJET

Moïse dans son *Sepher* (ch. x) a donné, pour les initiés, la clef de ces divers stades de la force ignée qu'il désigne successivement par les mots suivants :
AOUR et AOR (l'or des alchimistes) (ch. 1, v. 3).
ASHEC-HENAZ (ch. x, v. 3).
CHOUSH (ch., x, v. 6).
AUZAL (ch. x, v. 27).

Voici les commentaires de Fabre d'Olivet sur ces noms.

Ashec-Henaz (feu latent-calorique). Ce mot extraordinaire s'élève sur trois racines. La première, assez connue, אש (ASH), désigne le principe igné; la seconde, כן (KN), caractérise tout ce qui sert de base, de fondement, tout ce qui est ramassé, entassé; et la troisième, נז (NZ), exprime tout ce qui fait sentir son influence aux environs. Il était impossible de mieux caractériser ce que les physiciens modernes ont nommé *le calorique*.

Emanation de Cham (ce qui est combiné et chaud).

Choush : la force ignée, la combustion. Ce mot peut se concevoir comme forme des deux racines contractées : כוה־אש (COH-ASH).

La force élémentaire du principe igné ou bien comme dérivant de la racine אוש (AOSH), *le feu* gouverné par le signe assimilatif כ (K). Dans l'un ou l'autre cas sa signification diffère peu.

Auzal et Dikelah (10-27)

Auzal. — C'est la racine אוז (Auz) affectée à l'éther, au feu, à l'air épuré, à laquelle est réunie, par contraction, la finale אזול. Ce mot, pris comme verbe nominal, dans Azol, exprime l'action de se porter avec rapidité d'un lieu à un autre, de communiquer par sympathie, de la même manière que l'étincelle électrique.

Dikelah. — On trouve dans ce mot deux racines contractées דק-קל (DK-KL) : par la première on doit entendre une raréfaction poussée jusqu'à l'extrême subtilité ; par la seconde, une légèreté élevée jusqu'à la simple consistance du son. On sait bien qu'il n'existe point dans aucune de nos langues modernes de mots capables de rendre les idées attachées à ceux de *Dikelah*, d'*Auzal*, d'*Hadoram*; car, quels que soient les gaz, les fluides que nos physiciens aient découverts, ils n'ont pas encore atteint jusqu'à ceux connus des Prêtres de Thèbes.

Ainsi les deux mots d'*Auzal* et de *Dikelah* indiquent l'alliance d'une *extrême raréfaction du milieu alliée à une extrême tension du feu igné électrique*. C'est une des plus belles révélations que nous ait faites l'ésotérisme antique. Avis aux alchimistes.

Les quelques pages qui précèdent sont écrites par les étudiants avancés de l'occultisme. Elles sembleront sans doute déraisonnables aux gens dits « positifs », aussi allons-nous ajouter « pour ceux-là » quelques lignes à notre travail. Il s'agit des expériences de M. Iodko.

Les Expériences de M. Iodko
Photographie de l'Od et du corps astral

M. Narkowietz Iodko se sert pour ses expériences d'une bobine de Rumkorff de moyenne force. L'un

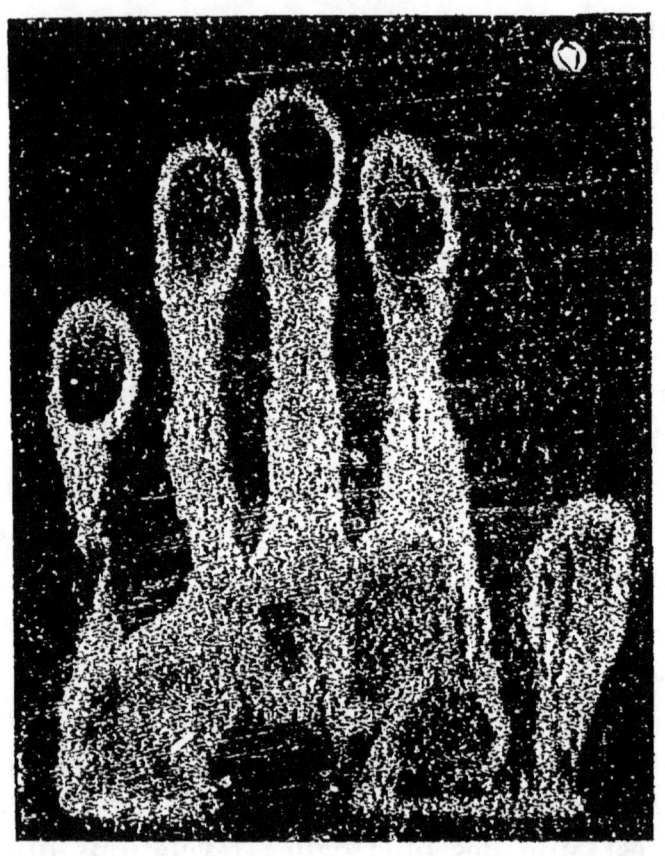

Expériences de Iodko. — Émanations de la main.

des pôles de la bobine est mis, au moyen d'une pointe de paratonnerre, en rapport avec l'air extérieur souvent à grande distance du centre d'expérience et l'autre pôle vient aboutir (dans le cas des photographies) à une plaque métallique séparée de la plaque sensible par une feuille de caoutchouc.

Dans d'autres cas, un pôle aboutit, dans l'air c'est-à-dire dans le milieu où se trouve la plaque photographique et l'autre pôle aboutit à l'intérieur *d'un tube*

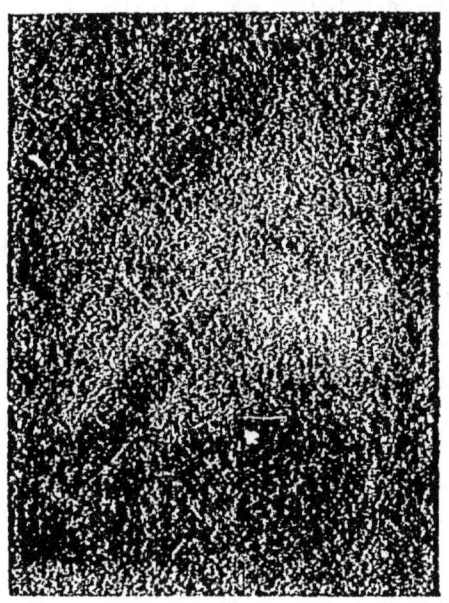

Expériences de Iodko. — Émanations d'une vertèbre.

de verre enveloppé de caoutchouc que tient l'expérimentateur.

Les dispositions étant prises ainsi, l'expérimentateur, après avoir placé une plaque sensible simplement sur une table dans l'obscurité, approche sa main de la plaque sensible à 1 ou 2 millimètres.

Immédiatement *la main s'illumine* et la plaque est impressionnée.

Plus de trois mille épreuves faites par M. Iodko jusqu'ici, ont permis d'établir les faits suivants :

1° L'existence *d'un rayonnement* spécial, émanant de l'être humain et différent suivant les individus et les tempéraments;

2° Certains objets, entre autres les plantes et les aimants, manifestent aussi ce rayonnement qui est *toujours* photographiable;

3° Ce rayonnement varie dans l'état de santé et dans l'état de maladie, à tel point, qu'il peut révéler *plusieurs jours à l'avance* une maladie qui va se déclarer et indiquer le point particulièrement faible de l'organisme.

4° Lorsqu'on met en présence sur la même plaque les mains de deux personnes, les doigts de chacune opposés aux doigts de l'autre par leurs pointes, la direction du rayonnement est tout à fait différente :

A. Si les personnes sont antipathiques.

B. Si les personnes sont neutres.

C. Si les personnes sont sympathiques l'une vis-à-vis de l'autre.

Outre le diagnostic pathologique, on peut donc, par cette méthode, faire un diagnostic *psychologique*.

Les nombreux exemples que nous avons vus à ce sujet sont absolument *caractéristiques*.

Dans le cas d'antipathie, les deux émanations se repoussent.

Dans le cas de neutralité, les deux émanations restent séparées.

Dans le cas de sympathie, les deux émanations se précipitent l'une vers l'autre.

Encore une fois, tout cela est *toujours* enregistré par la plaque photographique.

Il y a encore une foule d'applications de cette méthode ; mais celle-là suffirait pour bien indiquer à nos lecteurs l'importance des recherches de M. Iodko à ce sujet.

La Méthode consiste, au point devue de la cause, à augmenter le potentiel des êtres ou des objets en expérience en diminuant le potentiel du milieu dans lequel se trouvent ces êtres et ces objets.

L'année dernière, nous avons présenté M. Iodko au Dr Baraduc, et notre éminent confrère parisien, alliant ces recherches expérimentales à la théorie si belle de Louis Lucas, a mis au jour ses travaux personnels sur l'électro-vitalisme.

Nous savons que le Dr Baraduc prépare à ce sujet un important ouvrage dont nous rendrons compte dès qu'il paraîtra.

Voilà le résumé des rapports de l'occultisme avec les Rayons invisibles tels que nous les concevons. Les articles de Jules Lermina, de Paul Sedir et de Baglis publiés dans *l'Initiation* (1) permettront à nos lecteurs de voir les côtés de la question que nous n'avons pu aborder.

Et maintenant empruntons au Dr Karl du Prel la très importante déclaration suivante comme conclusion de notre première partie.

« Cette confinité de la Physique avec l'occultisme s'étendra véritablement à de plus vastes domaines. De même que l'on a extériorisé d'un tube d'Hittorf l'od, on l'extériorisera du corps humain, ce qui est le fon-

---

(1) Février et mars 1896.

dement du magnétisme animal. Or l'occultisme a démontré que c'est l'od extériorisé qui reste pour l'homm le support de la sensation, de la volonté, de la force vitale, des sentiments, des pensées. On en arrivera donc à photographier la pensée, à photographier tout l'homme psychique conformément à des lois. Mais qu'est-ce si nous avons la capacité de l'extériorisation de l'homme psychique avec le porteur odique ? Pas autre chose qu'une expression exacte de la science naturelle remplaçant la vague conception de l'immortalité. La science naturelle a nié l'immortalité. Pour la punir, c'est elle qui aura à en fournir la preuve exacte (1). »

On ne pourrait mieux définir le but et l'avenir de nos sciences actuelles par rapport à la science occulte.

DEUXIÈME PARTIE
MÉDIUMNITÉ ET MAGIE

Après avoir montré comment les récentes découvertes touchant le physique venaient appuyer les enseignements de l'occultisme, il nous reste à étudier une série de faits du plus haut intérêt qui viennent confirmer les enseignements de la tradition ésotérique concernant la médiumnité et les forces peu connues encore de l'homme visible et de l'homme invisible. Ces faits sont relatés tout au long dans un rapport publié par le numéro de janvier-février 1896 des *Annales des Sciences psychiques*.

---

(1) D' Karl du Prel, *Revue des Revues* du 1er mars 1896.

OCCULTISTES ET SAVANTS OFFICIELS

On a commis de grosses fautes en confondant le rôle des occultistes et le rôle des savants :

Les occultistes, forts de l'appui de leurs expériences personnelles d'une part, et de l'autorité d'un enseignement qui n'a pas varié depuis trente-six siècles, d'autre part, affirment une série de doctrines se rattachant soit à des forces de la nature encore peu connues, soit aux conditions d'évolution de la portion immortelle de l'homme.

Mais le public se défie beaucoup de toutes les expériences tentées par les occultistes pour prouver par les faits la réalité de leurs théories. On suppose que les dits expérimentateurs seront partiaux et que cela détruira en grande partie la valeur de leurs essais.

Pourquoi ?

Parce que les occultistes, étant, avant tout, des philosophes, ne doivent pas marcher sur les brisées des savants, qui sont, eux, les expérimentateurs en qui le public aura et à juste titre plus de confiance.

Que, lorsque les savants refusent systématiquement de marcher, les occultistes soient obligés de les *pousser* en publiant leurs personnelles expériences, rien de mieux ; mais, une fois les savants lancés dans la voie des expériences, les rôles changent, et les occultistes doivent rester dans leur domaine (vis-à-vis du public profane), c'est-à-dire doivent seulement enregistrer les faits dûment contrôlés qui viennent affirmer leurs dires.

Voilà pourquoi nous applaudissons de tout cœur au superbe rapport publié sur la médiumnité d'Eusapia par une commission de véritables savants non encore entachés d'occultisme ni de journalisme, et qui mérite de fixer maintenant et plus tard toute notre attention.

Du 20 septembre 1895 jusqu'au 26, MM. le lieutenant-colonel *de Rochas*, ancien élève de l'École polytechnique ;

Comte *A. de Gramont*, docteur ès sciences physiques ;

Sabatier, professeur de zoologie à la Faculté des sciences de Montpellier ;

Maxwell, substitut du procureur général à la cour d'appel de Limoges ;

Baron *C. de Watteville*, licencié ès sciences physiques et licencié en droit ;

Le Dr Dariex,

se sont réunis à la villa de l'Agnélas pour étudier les faits produits par Eusapia Palladino.

Ces messieurs se sont entourés des plus minutieuses précautions contre la fraude, et à cet effet ils ont employé le moyen le plus radical, qui consistait à tenir et à toujours contrôler les quatre membres et la tête du médium.

Nous n'avons pas à insister pour nos lecteurs sur ce contrôle, car les occultistes sont assez avancés dans ces études pour admettre la réalité des phénomènes. Nous nous occuperons donc seulement des faits les plus importants produits, et nous passerons successivement en revue par rapport à notre doctrine :

1° Le médium ;
2° Les assistants ;
3° Les actions extérieures.

LE MÉDIUM

Le médium étudié était Eusapia Palladino, dont nos lecteurs connaissent déjà le nom.

La Commission, tout en cherchant à éviter toute fraude, était animée d'un excellent esprit, qui ressort clairement de l'extrait suivant de son remarquable rapport.

Cela était, d'ailleurs, d'autant plus nécessaire que la Commission n'ignorait pas que tout sujet, médium ou autre, appelé à produire des phénomènes qui exigent de sa part des efforts pénibles et parfois même douloureux, peut être tenté *consciemment* ou même *inconsciemment* d'avoir recours à des moyens plus faciles d'obtenir les résultats demandés. C'est là une disposition essentiellement humaine et naturelle, avec laquelle il faut d'autant plus compter que l'on se trouve (et c'était ici le cas) en présence de personnes habituées dès longtemps à servir de sujets d'expérience, qui ont pu penser souvent aux moyens de faciliter leur tâche par la fraude et à en faire l'essai. Il y a là des habitudes de penser et d'agir qui prennent peu à peu place dans la manière d'être du sujet, et qui peuvent aboutir, avec le temps et la répétition, à des tentatives inconscientes et presque innocentes de tromperie.

Cette considération a son importance, car elle peut conduire à des conclusions négatives un observateur qui n'y attache pas une attention suffisante. Surprendre un médium en tentative de supercherie ne suffit pas pour nier d'une manière absolue et sans appel la réalité des phénomènes.

A côté des essais de supercherie peuvent réellement

exister les phénomènes sincères et positifs ; et, quand on veut observer, dans l'ordre de faits qui nous préoccupe, on est tenu de penser qu'un phénomène obtenu par voie illégitime peut se mêler parfois à des faits sérieux et dignes de crédit. Il importe donc que les observateurs cherchent à saisir, à côté des observations douteuses ou suspectes, des observations faites avec la netteté et la rigueur de la méthode scientifique.

Dégagement du corps astral du Médium. — *Synchronisme des mouvements musculaires et des actions produites.*

L'occultisme a toujours prétendu que la véritable cause de la plupart des phénomènes dits spirites était *la sortie hors du médium* de son « double » (ou corps astral, périsprit, etc.) et qu'il fallait voir là non pas un fait extranaturel, mais au contraire un fait se rattachant à la physiologie transcendante.

Comme corollaire à notre affirmation, citons l'opinion d'Éliphas Levi à ce sujet.

« Dire par exemple que dans les soirées magnétiques de M. Home il sort des tables des mains réelles et vivantes, de vraies mains que les uns voient, que les autres touchent et par lesquelles d'autres encore se sentent touchés sans les voir, dire que ces mains vraiment corporelles sont des mains d'esprits, c'est parler comme des enfants ou comme des fous, c'est expliquer contradiction dans les termes. Mais avouer que telles ou telles apparences, telles ou telles sensations se produisent, c'est être simplement sincère et se moquer de la moquerie des prud'hommes, quand bien même ces prud'hommes auraient de l'esprit comme tel ou tel rédacteur de tel ou tel journal pour rire (1). »

« Maintenant, au nom de la science, nous dirons à M. de Guldenstubbé, non pas pour lui qui ne nous croira pas, mais pour les observateurs sérieux de ces phénomènes extraordinaires :

« Monsieur le baron, les écritures que vous obtenez ne viennent pas de l'autre monde ; et c'est vous-même qui les tracez à votre insu.

« Vous avez, par vos expériences multipliées à l'excès et par l'excessive tension de votre volonté, détruit l'équilibre de votre corps fluidique et astral, vous le forcez à réaliser vos rêves, et il trace en caractères empruntés à vos souvenirs le reflet de vos imaginations et de vos pensées.

« Si vous étiez plongé dans un sommeil magnétique parfaitement lucide, vous verriez *le mirage lumineux de votre main* s'allonger comme une ombre au soleil couchant et tracer sur le papier préparé par vous ou vos amis les caractères qui vous étonnent (2). »

Nous-même, dans un travail sur le spiritisme, *Considérations sur les phénomènes du spiritisme, rapports du spiritisme et de l'hypnotisme,* paru en 1890, nous avons ainsi résumé nos idées sur cette question :

La vie peut, dans certaines conditions, sortir de l'être humain et agir à distance.

Dernièrement, vous avez pu lire les expériences de M. Pelletier qui, endormant trois sujets et les plaçant autour d'une table, voit les objets matériels légers se

---

(1) Eliphas Levi, *Clef des grands mystères,* p. 240.
(2) Idem, *Science des esprits*, p. 267.

mouvoir *sans contact* et au commandement. Que se passe-t-il ?

Sa volonté s'empare de la vie des trois sujets et dirige la force de ces trois périsprits sur les objets matériels qui se meuvent sous cette influence.

Une autre manière de vérifier ce fait consiste à prendre un sujet endormi, *isolé électriquement*, et à lui demander de décrire ses impressions. Le sujet voit parfaitement le corps astral, c'est-à-dire la vie sortir du médium par le côté gauche (au niveau de la rate), et elle agit sur les objets matériels *suivant l'impulsion que reçoit le périsprit* (1).

Un médium n'est pas autre chose qu'une *machine à dégager du périsprit* (corps astral), et ce périsprit sert d'intermédiaire et de moyen d'action à toutes les volontés *visibles ou invisibles* qui savent s'en emparer.

Du reste, interrogez les médiums, et tous vous diront qu'au moment où les phénomènes d'incarnation ou de matérialisation vont se produire, *ils sentent une douleur aiguë au niveau du cœur* et qu'aussitôt après ils perdent conscience (2).

Quand les spirites prétendent que les mains qui touchent la tête des assistants, qui déplacent les meubles ou se profilent en vagues reflets sur les murs, sont les mains des esprits des morts, l'occultisme (qui cependant n'a jamais nié l'existence possible des esprits) (3) affirme qu'il s'agit là d'un phénomène phy-

---

(1) *Op. cit.*, p. 7.
(2) *Op. cit.*, p. 8.
(3) Les spirites éclairés ont toujours été d'avis que, tout en admettant l'existence d'agents spirituels, il faut attribuer une

sique d'un genre particulier et que c'est le *corps astral* du médium *momentanément extériorisé* qui produit ces faits.

A l'appui de notre affirmation, nous ferons remarquer, non pas aux sectaires, mais aux hommes de science :

1° Que toute projection, en dehors, de la main astrale est accompagnée chez Eusapia d'un refroidissement de la main physique ;

2° Que le refroidissement cesse en même temps que le phénomène produit sous l'influence de la main extériorisée.

3° Que chaque phénomène physique (déplacement de meubles, etc.), produit à distance, est accompagné de mouvement synchronique des muscles physiques, qui, dans les conditions normales, auraient produit le phénomène.

4° Enfin que les assistants contribuent, à leur insu, à fournir de la force dans beaucoup de phénomènes, ce qui explique la fatigue rapide ressentie par lesdits assistants.

En somme, il s'agit là de la production, par des piles humaines montées en série ou en quantité d'une force condensée et dirigée par le corps astral du médium qui *annonce les phénomènes* dans la majorité des cas.

Les extraits suivants du rapport vont confirmer

---

très grande part, dans la production des phénomènes physiques, aux influences provenant du médium.

Nous ne pouvons que renvoyer à ce propos à l'excellent ouvrage d'Aksakoff : *Animisme et Spiritisme*, p. 275, p. 277 bas et p. 278 haut.

d'une façon remarquable nos affirmations concernant le *synchronisme des actions à distance et des mouvements musculaires du médium.*

Comme remarque générale, il est important de noter qu'Eusapia, presque toujours, a annoncé les phénomènes au moment où ils allaient commencer à se produire, et que par là elle facilitait singulièrement la surveillance et le contrôle.

En outre, elle paraissait pendant tout le temps de l'expérience dans un état de transe douloureux et pénible, qui se traduisait par des soupirs, des gémissements, une toux nerveuse, une transpiration abondante. Quand un phénomène allait se produire, les gémissements redoublaient et on sentait en elle un état d'effort et de tension considérables. Dès que le phénomène cessait, elle retombait inerte et comme épuisée par la dépense de force qu'elle avait dû faire.

Il faut également noter qu'Eusapia *esquisse* généralement les mouvements de ses membres, qui sont censés devoir produire le phénomène. Mais elle les esquisse seulement par des mouvements de faible amplitude, incapables d'atteindre les objets qui sont remués et transportés. Il y a là quelque chose qui rappelle les mouvements synergiques que l'on produit instinctivement lorsqu'on observe et que l'on veut aider un homme faisant un très grand effort. Ainsi, quand Eusapia veut attirer et mettre en mouvement un fauteuil placé dans son voisinage, elle porte un peu la main ou mieux le poing fermé du côté du fauteuil, et le retire ensuite, comme pour tirer le fauteuil à l'aide d'un lien matériel. Dans aucun cas, ce lien matériel n'a pu être ni saisi ni même soupçonné par les observateurs.

Pendant tout le temps de cette surveillance, M. de Gramont a bien observé que chaque manifestation produite par le médium est immédiatement précédée ou accompagnée d'un mouvement corrélatif du pied ou de la jambe tout entière du côté où le phénomène va se produire ou se produit. Ce mouvement est accompagné d'un effort musculaire violent, révélé par le durcissement des muscles, mais il n'a qu'une amplitude *très faible* et tout à fait hors de proportion avec le mouvement produit. M. de Gramont s'est assuré d'ailleurs que le mouvement, ou plutôt l'effort du membre, n'avait aucune relation possible de contact ou de lien supposé, soit avec l'objet déplacé, soit avec la personne touchée, soit avec le corps frappé. Eusapia agite la jambe ou le pied gauche ; on y sent une contraction musculaire, et, en même temps, le fauteuil placé derrière le rideau et derrière elle se déplace synchroniquement, à plusieurs reprises, derrière le rideau, comme s'il avait été mécaniquement solidaire de ce pied gauche tenu dans la main droite de M. de Gramont, qui s'assure bien de l'indépendance absolue du membre du médium, de tout lien ou de tout contact avec le fauteuil. Le contrôle des pieds et de la tête ainsi assuré, et le contrôle des mains restant ce qu'il était, c'est-à-dire peu satisfaisant à cause de leurs déplacements fréquents déjà signalés par M. Sabatier, des coups violents retentissent dans la table, accompagnés de mouvements synchrones de la jambe gauche. Plusieurs assistants éprouvent des contacts de mains. Le fauteuil s'agite. Le rideau est projeté sur la table.

9 h. 30 m. — M. Sabatier est touché trois fois et tiré trois fois violemment par le pan gauche de sa jaquette. A ces contacts correspondent des mouvements synchrones du pied gauche tenu sous la table par M. de Rochas.

On entend des bruits répétés frappés sur la table. M. Maxwel est touché onze fois de suite sur le *sommet* de la tête. Les coups sont reproduits synchroniquement par le pied gauche du médium. La figure de M. Maxwell était contre celle d'Eusapia qui s'était penchée sur lui. La chaise sur laquelle est assis M. Sabatier est *arrachée violemment* et renversée et M. Sabatier tombe à demi couché par terre.

Le contrôle paraît *excellent*, et aucun des membres du médium ni sa tête n'ont fait un mouvement suffisant pour produire un tel effet. M. Sabatier tenait bien la main droite, M. Maxwell la main gauche. La main droite de M. Sabatier reposait sur les deux cuisses du médium.

Le piano émet deux notes qui sont accompagnées de mouvements synchrones des pieds d'Eusapia. Le clavier blanc est vu par M. Maxwell qui ne remarque pas de corps étranger passant au-dessus de lui.

Eusapia fait des mouvements de la main tenue par M. Maxwell à 0ᵐ,20 *au-dessus* du piano, comme si elle voulait frapper sur les touches. Celles-ci rendent des sons synchrones à ces mouvements.

Trois coups sont frappés dans le bahut placé derrière M. Maxwell et séparé d'Eusapia par ce dernier. A chaque coup correspond un léger mouvement synchrone de la main gauche bien tenue par M. Maxwell.

Refroidissement de la main du médium. Transe.

Chaque fois que le corps astral quitte le corps physique on voit se produire en petit le phénomène de la mort dans la portion abandonnée par le corps astral.

La circulation se ralentit *et la chaleur disparaît* plus ou moins complètement pour venir au retour du « double ».

Ce fait, déjà observé par Éliphas Lévi par rapport à Home, est encore confirmé par l'observation suivante de la commission.

L'action du souffle du médium est encore très curieuse à remarquer à ce sujet.

Enfin, le médium a, dans une autre expérience, associé à l'astral de sa main l'action de M. Maxwell ce qui est encore plus intéressant à remarquer pour les occultistes.

Nous signalerons aussi *les transes* du médium concomitantes et chaque dégagement du corps astral.

Le fauteuil lourd, situé derrière le rideau, vient heurter vivement, à plusieurs reprises, la chaise de M. Maxwell. Celui-ci constate qu'au moment de la production du phénomène, la main gauche d'Eusapia, qu'il tenait, est glacée. Eusapia a agité la main pendant les mouvements du fauteuil, et synchroniquement avec eux. Mais M. Maxwel a toujours tenu la main d'Eusapia et l'a sentie devenir *très froide*. La chaleur est assez rapidement revenue. M. Maxwell, au moment où il a senti la température de la main s'abaisser, a serré avec le pouce la main d'Eusapia. Il est *très sûr* que c'est la main gauche qu'il tenait qui est redevenue chaude. Il affirme que le contrôle de la main a été très bon. M. de Gramont est sûr de la main droite, et M. Dariex des membres inférieurs, de la tête et du bras droit.

Le piano est revenu sur la table, il est visible à cause de sa couleur blanche, Eusapia penche la tête en avant pour souffler sur le piano. Le piano se déplace comme mu par ce souffle.

9 h. 10 m. — Les conditions du contrôle restent exactement les mêmes.

M. Maxwel éprouve dans le dos la sensation d'une main le touchant d'un coup sec et brusque, comme si les doigts étaient écartés et présentés par la pointe. Il n'a nullement la sensation d'un bras passant derrière lui.

Le Dr Dariex a la tête saisie par une main entière qui s'applique sur elle et en embrasse le sommet avec les cinq doigts écartés dont la sensation est très nette. Il ne peut pas établir de différence entre cette sensation et celle que produirait la main même du médium.

Les observateurs, interrogés à deux reprises, disent être sûrs des mains du médium.

Le Dr Dariex déclare le contrôle parfait de sa part en ce qui concerne les membres inférieurs, la tête et le bras droit du médium.

Tout le monde se rassied. Le contrôle restant le même, Eusapia, de la main gauche tenue par M. Maxwell, mime des coups à 30 centimètres au-dessus de la table ; ces coups sont simultanément entendus, dans la table, d'une manière très forte. Puis elle dirige cette même main, tenue par M. Maxwell, vers le rideau derrière elle, mais sans atteindre le fauteuil placé dans l'embrasure ; aussitôt on entend ce fauteuil se mouvoir en semblant suivre les mouvements de la main, comme si cette main était un aimant ; contrôle parfait.

9 h. 15 m. — Eusapia, qui avait gardé ses souliers, *les quitte à ce moment*. Elle place chacun d'eux sur le pied voisin de l'un des deux observateurs qui tiennent les mains. Elle dégage ses mains et prend la main droite de M. Maxwell et la frotte entre les siennes. Puis, de sa main gauche, elle fait faire à la main droite de M. Maxwell les mêmes mouvements que précédemment, et les mouvements du fauteuil se reproduisent. M. Maxwel ne sent aucun effort, aucune résistance. M. Sabatier avait repris la main droite d'Eusapia dans sa main gauche ; et sa main droite était placée sur les deux genoux d'Eusapia, de manière à s'assurer que les membres inférieurs restaient immobiles. En outre, M. Sabatier voit bien la main droite d'Eusapia sur la table et est *sûr* qu'elle n'est pas rapprochée de la gauche. Les mouvements du fauteuil jettent le piano par terre ; il est remis sur le fauteuil par le Dr Dariex.

9 h. 20 m. — Eusapia frotte vigoureusement la main de M. Maxwell entre ses deux mains, et le fauteuil *se précipite* contre la table.

LES ASSISTANTS

Le médium, livré à ses seules forces, produirait des faits bien moins positifs s'il n'utilisait pas *les forces des assistants*.

L'alliance des assistants et du médium donne naissance à un singulier phénomène étudié par Eugène Nus sous le nom d'*Etre collectif* (1) et admirablement développé par Stanislas de Guaita dans son chapitre sur *les Mystères de la multitude* (2).

Objectivement le fait se caractérise par la *fatigue*

---

(1) Eugène Nus, *les Grands Mystères*.
(2) Stanislas de Guiata, extrait du volume *la Clef de la magie noire*, publié dans *l'Initiation* de janvier 1896.

toute spéciale ressentie par les assistants, par la demande du médium de former *une chaîne d'êtres humains* et par *un courant froid* caractéristisque et bien connu de tous ceux qui ont sérieusement étudié les faits.

Voici comment nous définissions en 1890 le rôle des assistants.

Quel est donc le rôle des assistants dans une séance ?

Ce rôle est loin d'être indifférent, comme on pourrait le croire au premier abord. La volonté, bonne ou mauvaise, de chaque assistant, sa vie également, viennent agir sur le périsprit du médium, pendant qu'il est sorti et appuient ou arrêtent les influences qui ont agi sur le périsprit.

Les assistants forment donc une véritable *enceinte fluidique* chargée d'empêcher d'une part le périsprit du médium de perdre sa force en s'éparpillant dans l'espace et d'empêcher d'autre part les influences extérieures au cercle, s'il y en a, de s'emparer de ce périsprit.

Voilà pourquoi les médiums demandent souvent qu'on fasse autour d'eux *la chaîne* pendant les grandes expériences de *matérialisations* ou d'*apports*.

Cette chaîne augmente de beaucoup la puissance du médium, et ce qu'il y a de fort curieux, c'est que cette chaîne était employée dans les temples égyptiens, ainsi que nous le montre Louis Ménard dans le *Polythéisme hellénique* et qu'elle est encore employée de nos jours par les francs-maçons, qui comprennent si peu la haute importance de cette cérémonie qu'ils l'emploient... pour la transmission du *mot de semestre* (1).

LA CHAINE

9 h. 40 m. — Eusapia demande qu'on fasse la chaîne pour lui donner de la force. M. Charles de Rochas se place entre MM. Sabatier et de Watteville, et la chaine se fait. Le pied droit d'Eusapia est tenu et *vu* par M. Sabatier, le gauche est bien tenu par M. Watteville.
Sur la demande du médium, M. Sabatier change de place avec M. de Gramont, qui passe à la droite du sujet pour tenir la main droite. M. Sabatier se place à droite de M. Gramont sur le côté de la table; sa main gauche est en contact, sur la table, avec la main droite de M. de Gramont, pour faire la chaîne; et sa main droite avec la main gauche de M. de Rochas, qui est lui-même en contact avec M. Maxwel. Il est à noter que le sujet, qui avait exécuté les premiers phénomènes sans qu'eût été formée une *chaîne* de personnes, ayant ses deux mains comme point de départ et d'arrivée, a demandé à plusieurs reprises à ce qu'on lui donnât de la force en faisant la chaîne. Elle dit qu'à certains moments elle sent comme un fluide lui arriver du côté de M. Maxwell d'abord, et plus tard de M. de Rochas, quand celui-ci aura remplacé M. Maxwell, qui se dit lui-même très las.

LE SOUFFLE FROID

Quand Lafontaine se passait un peigne dans les cheveux, l'effluve était si fort qu'un enfant qui était présent s'écria : « Il y a le feu, il y a le feu à la tête de M. Lafontaine (2). »

---

(1) Papus, *Considérations sur les phénomènes du spiritisme* p. 8.
(2) Karl du Prel, *Revue des Revues* du 1ᵉʳ mars 1896.

L'effluve dégagé par le médium et les assistants donne naissance à ce singulier phénomène du *souffle froid*.

Toutes les personnes présentes sentent fort bien alors une sorte de souffle frais qui parcourt toute la chaîne dans un certains sens. C'est le courant fluidique, formé par les périsprits, qui s'établit.

Le courant fluidique, invisible pour les esprits matériels et visible pour les voyants (sujets somnambuliques), circule au-dessus du cercle et dans son intérieur (1).

Des instruments de musique circulent au-dessus des têtes des assistants en jouant des airs variés. Ces instruments peuvent se poser en moins de trois secondes successivement sur les têtes de douze personnes formant la chaîne, phénomène impossible à obtenir par tricherie.

Que se passe-t-il à ce moment ?

Le courant fluidique qui circule au-dessus des assistants et qui est renforcé par leur union en chaîne, ce courant porte les objets comme un véritable fleuve (2).

Eusapia porte à *deux centimètres* au-dessus de sa tête sa main accompagnée par celle de M. de Gramont qui la tient toujours. Celui-ci a l'impression nette d'un courant froid s'échappant des cheveux du médium et qui est semblable à celui qu'on ressent près d'une machine électrostatique à influence.

---

(1) Papus, *Considérations sur les phénomènes du spiritisme*, in-8, 1890, p. 10.
(2) Idem, *ibid*.

VISION

Dans les expériences de l'Agnélas, les faits *de vision* d'images astrales ou de lumière astrale ont été très peu nombreux et nous le regrettons vivement.

M. de Bodisco (1) a étudié dans de bonnes conditions la condensation progressive de la lumière astrale qui est une des clefs de l'*apport* que nous verrons plus tard. Rapportons cependant les uniques faits de visions observés par la commission. Les *objets blancs* observés et la *main* sont des condensations de lumière astrale du médium plus ou moins bien formée. Il en est de même de la *tête,* à propos de laquelle il est bon de se reporter aux expériences du Donald Mac Nab publiées dans le *Lotus Rouge* (n°s 20 à 24).

En résumé, M. Dariex tenait le médium de manière à être sûr des membres inférieurs, du bras droit et du poignet droit, qui ne quittaient pas la table, et de la tête, qui ne quittait pas la sienne. M. Maxwell tient toujours la main gauche, comme il a été dit ci-dessus ; M. Sabatier, la main droite d'une manière très ferme. Le médium se plaint de la lumière ; la porte est fermée presque complètement, d'où il résulte une obscurité assez prononcée pour qu'on ne puisse distinguer que les objets volumineux ou de couleur blanche.

Le fauteuil qui se trouve derrière les rideaux est déplacé vivement, ainsi qu'on en peut juger par un bruit de roulement intense. Le rideau se gonfle, à environ 0^m,80 au-dessus de la tête d'Eusapia ; il est violemment déplacé et projeté sur la table ; il frotte contre la figure de M. Maxwell qui a la sensation d'un corps dur frottant le le rideau sur sa figure. M. Maxwell reçoit trois coups net-

---

(1) De Bodisco, *Traits de Lumière*, et surtout étude sur *le corps astral* parue dans *l'Initiation.*

tement localisés sur le côté droit de la poitrine; toujours dans les mêmes conditions le pied du fauteuil frappe trois coups violents; on entend une série de notes jouées vivement sur le piano; celui-ci passe sur la tête de M. Maxwell et est apporté sur la table. M. de Gramont a vu un objet blanc ayant l'apparence du rideau blanc de dessous et paraissant accompagner l'objet dans son transport : il a vu le piano se déplacer lentement et se balancer en passant entre Eusapia et M. Maxwell, comme si une main le tenait, enveloppé dans la doublure du rideau, puis, au bout de quelques secondes, se poser au milieu de la table. M. Sabatier a également vu les notes blanches du piano se poser tranquillement sur la table. M. Maxwell a eu l'impression suivante : une fois le petit piano placé sur la table, il voit un objet blanc de la forme vague d'une main, se détachant dans l'obscurité et se retirant assez rapidement pour entrer dans l'embrasure de la fenêtre. Est-ce le rideau blanc ? M. Maxwell ne le croit pas. Le rideau eût été visible comme une masse blanchâtre se retirant, tandis que l'impression a été celle d'une pince — comme le pouce et l'index opposés — coupée brusquement au niveau du poignet de la main. Aucune traînée blanche ne la rejoignait au bord du rideau rouge, derrière lequel elle disparut. Pendant ce temps la main de M. Maxwell est maintenue immobile par celle d'Eusapia et est restée, avec celle-ci, appuyée sur la table.

10 h. 15 m. — Eusapia annonce qu'elle va former une tête. Elle dit : « Regardez, vous allez voir une tête ou la tête. » M. Maxwell regarde. Il tenait la main gauche d'Eusapia, qui appuyait sa tête sur la sienne. Il a alors vu à $0^m,10$ de sa figure une silhouette noire qui se profilait sur la partie de la muraille du salon placée en face de lui, et qu'éclairait la bande de lumière qui passait dans la fente de la porte. C'était une silhouette nettement découpée en haut, se perdant en bas et pouvant rappeler la silhouette d'une tête avec une saillie recourbée ressemblant à des cheveux frisés. C'était comme une ombre sur une muraille. L'impression était semblable à celle qu'eût produite un objet plat, un carton découpé, par exemple. Cette forme s'est déplacée à droite, puis,

après un repos, est revenue à gauche. Le mouvement a été très rapide. M. Maxwell seul a vu cette forme.

M. Maxwell, invité par Eusapia à regarder, a eu la sensation visuelle d'un avant-bras et d'une main. Il a vu se profilant sur la bande de la muraille éclairée par la fente de la porte en face de lui une main et un bras qui étaient au-dessus de la tête de M. Sabatier. Ils lui ont paru, à diverses reprises, s'abaisser et se relever comme pour toucher la tête de M. Sabatier, qui a accusé à ce moment divers attouchements. L'avant-bras lui a paru long et mince. Il n'en a pas vu la continuité avec le bras, car il se perdait dans l'ombre, à l'endroit où aurait pu être le coude. Aucun des autres observateurs n'a observé le fait; mais il convient de dire que M. Maxwell seul, par sa position, pouvait saisir la silhouette sur un fond éclairé.

LES EFFETS PRODUITS A L'EXTÉRIEUR

Nous avons considéré jusqu'à présent les effets produits surtout par rapport au médium et aux assistants; occupons-nous un peu des effets produits sur le milieu extérieur.

Nous revenons ici, par un certain côté, aux communications développées dans notre première partie (voy. les expériences de M. Iodko); mais nous allons rappeler les enseignements des maîtres de l'occultisme à ce sujet.

« La magnétisation d'un guéridon ou d'une personne est absolument la même chose, et les résultats sont identiques; c'est l'envahissement d'un corps étranger par *l'électricité vitale intelligente* ou la pensée du magnétiseur et des assistants.

Ainsi l'électricité accumulée sur un corps isolé

acquiert une puissance de réaction égale à l'action, soit pour aimanter, soit pour décomposer, soit pour enflammer, soit pour envoyer ses vibrations au loin. Ce sont là des effets sensibles de l'électricité *brute*, produits par des éléments bruts; mais il y a évidemment une électricité correspondante produite par la pile cérébrale de l'homme : cette électricité de l'âme, cet éther spirituel et universel qui est le *milieu ambiant de l'univers* métaphysique ou incorporel, a besoin d'être étudié, avant d'être admis par la science, qui ne connaîtra rien du grand phénomène de la vie avant cela (1).

On a découvert tout récemment que les tables tournent aussi et que l'aimantation humaine donne aux objets mobiliers soumis à l'influence des crisiaques un mouvement de rotation. Les masses mêmes les plus lourdes peuvent être soulevées et promenées dans l'espace par cette force, car la pesanteur n'existe qu'en raison de l'équilibre des deux forces de la lumière astrale ; augmentez l'action de l'une des deux, l'autre cèdera aussitôt. Or, si l'appareil nerveux aspire et respire cette lumière, en le rendant positif ou négatif suivant les surexcitations personnelles du sujet, tous les corps inertes soumis à son action et imprégnés de sa vie deviendront plus légers ou plus lourds suivant le flux ou le reflux de la lumière qui entraîne dans le nouvel équilibre de son mouvement les corps poreux et mauvais conducteurs autour d'un centre vivant comme les astres

---

(1) Eliphas Lévi, *Science des Esprits*, p. 270, citant A Morin.

dans l'espace sont emportés, balancés et gravitant auteur du soleil (1).

Les faits produits ont été étudiés :

1° Dans l'obscurité ou en demi-lumière ;

2° En pleine lumière.

Ce second ordre de phénomènes est si rarement obtenu dans les commissions scientifiques qu'il est de la plus haute importance d'en constater la présence dans le cas actuel.

Nos lecteurs savent que certains rayons lumineux agissent comme de véritables dissolvants, à cause de leur potentiel élevé, sur les émanations électriques et astrales du médium.

Voilà pourquoi l'obscurité est nécessaire autant aux faits psychiques qu'à certaines manipulations photographiques, et ce n'est qu'au prix de grands efforts et d'une accoutumance spéciale qu'un médium peut parvenir à produire certains faits en pleine lumière.

M. Lemerle a fait un très beau rapport sur des faits produits en pleine lumière (1).

FAITS PRODUITS EN OBSCURITÉ

A ce moment, les rideaux rouges et blancs du côté gauche du médium sont projetés *violemment* de manière à recouvrir une partie de la table ainsi que la tête et l'épaule droite de M. de Gramont, du côté de M. Sabatier. On redouble de vigilance quant au contrôle. Les mains, les pieds sont bien tenus comme ci-dessus. Le médium, de plus en plus en transe, geint, se tord, puis repousse du corps, vers la gauche et un peu en arrière,

---

(1) Eliphas Lévi, *Histoire de la Magie*, p. 494.
(2) L. Lemerle, *Rapport sur les expériences de M. Pelletier* (*Initiation*).

la chaise sur laquelle il est assis. Cette chaise pesant 2^{ks},500 s'est élevée *lentement*, en passant à la gauche de sa tête et au-dessus de son épaule gauche ; elle s'est portée en avant, en basculant, de manière à se renverser, le dossier en bas, le siège et les pieds en haut, et est venue se placer, avec une douceur remarquable de mouvements, le siège sur le bras et l'avant-bras droit de M. de Gramont, et la traverse supérieure du dossier sur les genoux de M. Sabatier placé à droite de M. de Gramont.

Il convient de mentionner que, quelque temps avant le fait du soulèvement de sa chaise et de sa projection sur M. Sabatier et sur M. de Gramont, Eusapia a fait remplacer la lourde chaise de velours et acajou, sur laquelle elle était assisse, par une chaise cannée, légère. On peut supposer que le médium, ayant l'intention de produire le phénomène d'une manière quelconque, a voulu diminuer l'effort à dépenser.

FAITS PRODUITS EN LUMIÈRE

Eusapia, les mains et les pieds tenus comme ci-dessus, prévient qu'elle va tirer la clé du bahut placé à sa gauche et *trop éloigné* d'elle pour que, sans se pencher très fortement, elle puisse l'atteindre, soit avec les mains, soit avec les pieds. D'ailleurs, M. de Watteville est placé entre le médium et le bahut, si bien que le médium ne saurait atteindre le bahut qu'en passant à côté de M. de Watteville ou même en le poussant. En outre, la lumière est suffisante pour qu'on puisse voir nettement si Eusapia dirige un de ses membres vers le bahut. Aussitôt on entend grincer distinctement la clé dans la serrure ; mais la clé, mal engagée, refuse de sortir. Eusapia prend d'une main le poignet gauche de M. Sabatier et, des doigts de l'autre main, lui entoure l'index. Elle produit autour de ce doigt des mouvements alternatifs de rotation auxquels correspondent des grincements synchrones de la clé tournant tantôt dans un sens, tantôt en sens contraire.

9 h. 4 m. — Mme de Rochas entre dans la chaîne entre

M. de Rochas et M. Sabatier. Le contrôle reste le même : le pied droit tenu par M. Sabatier, le gauche par M. de Watteville ; Eusapia se frappe les mains devenues *libres*, *en l'air*, *au-dessus de la table*, ses mains sont vues de tous. Le fauteuil frappe des coups synchrones avec la mimique des mains. Elle frappe des mains, et le fauteuil accompagne fidèlement de ses bonds et de ses coups les mouvements des mains. Les mains sont bien *vues* de tous, les pieds sont bien tenus et même *vus :* le contrôle est déclaré excellent par tous les observateurs.

Eusapia, saisissant de ses *deux mains* la main de M. Sabatier qui est assis *à droite*, fait des gestes saccadés de va-et-vient, comme pour ouvrir la porte du bahut située *à gauche*, à un mètre de distance environ, et derrière M. de Watteville. Aussitôt la porte du bahut s'agite et produit des sons saccadés et tumultueux comme ceux d'une porte qu'on s'efforce d'ouvrir, mais qui résiste, la serrure n'étant pas ouverte.

A ce moment, M. de Watteville demande s'il n'y a pas lieu de dégager directement la clé du bahut, que les efforts d'Eusapia n'ont pu que faire tourner, sans l'ouvrir. Sur avis conforme des observateurs, M. de Watteville tourne la clé, ce qui rend libre la porte du bahut. Alors, sur un nouveau geste d'Eusapia, la porte s'ouvre. Eusapia, s'inclinant vers M. Sabatier, placé à sa *droite*, met *chacune* de ses mains sur la *joue correspondante* de M. Sabatier. Les pieds sont toujours bien tenus, le droit par M. Sabatier, le gauche par M. de Watteville. Eusapia frappe des *deux mains* en cadence les joues de M. Sabatier : la porte de l'armoire s'ouvre et se ferme alternativement en cadence. Un coup sur les joues l'ouvre, le coup suivant la ferme. Les mains sont parfaitement *vues et senties ;* les mouvements de la porte sont également *vus* et entendus, car la porte vient frapper, en s'ouvrant, contre la chaise de M. de Watteville, assis devant le bahut, entre le bahut et Eusapia, et en se fermant contre le bahut lui-même. Les mouvements de la porte sont proportionnés comme vivacité aux mouvements des mains. Après un certain nombre de coups ainsi portés, Eusapia pousse *vivement* la tête de M. Sabatier vers le bahut ; la porte se ferme avec *violence*.

Avant que tous ces phénomènes se produisissent, Eusapia *les avait clairement annoncés ;* aussi les observateurs sont-ils très en éveil, et le contrôle très rigoureusement observé. Les pieds sont tenus et *vus*, la tête l'est également, les mains sont senties et *vues* par M. Sabatier, et *vues* par tous les observateurs. Il fut, en outre, constaté, après la séance, qu'Eusapia, de la place où elle était, ne pouvait atteindre la porte et la clé du bahut avec les pieds. D'ailleurs, la présence de M. de Watteville entre elle et le bahut aurait fort contrarié des mouvements de cette sorte. Les mains appliquées sur les joues de M. Sabatier ne sauraient être mises en cause. En outre, il est bien constaté qu'il n'y a entre Eusapia et ce bahut ni lien, ni levier, ni les deux ficelles nécessaires pour produire ce mouvement alternatif, ni aucun moyen direct de transmission. D'ailleurs, on avait, au cours des expériences, changé de place et circulé entre Eusapia et le bahut, ce qui aurait dérangé le truc, s'il avait existé. A aucun moment des expériences, Eusapia n'a été vue en situation ou en action pour placer des moyens matériels de communication entre elle et le bahut et sa clé. Il est bon de répéter que les expériences se faisaient à une lumière suffisante pour que les mouvements des personnes et des objets fussent *distinctement vus et constatés.*

Eusapia se place à l'extrémité de la table du côté de la fenêtre. Pour assurer le contrôle et démontrer que ses mains ne saisissent pas la table pour l'agiter ou la soulever, elle demande deux verres remplis d'eau, qu'on place sur la table. Une lampe à pétrole, placée sur la grande table, à 2^m,5o de distance environ, avec abat-jour de mousseline blanche transparente, brille de tout son éclat, et nous observons *en pleine lumière.* Eusapia plonge chacune de ses mains dans un verre rempli d'eau (1). M. de Rochas place et maintient sa main sur

---

(1) Elle voulait d'abord essayer de soulever la table, en soulevant simplement ses mains plongées librement dans l'eau

les genoux d'Eusapia, et par conséquent entre les genoux et la table pour constater que les jambes et les genoux n'exercent aucune pression de bas en haut sur la table. La lumière étant très belle, MM. Sabatier et de Gramont surveillent les pieds d'Eusapia et constatent qu'ils n'ont aucun contact avec les pieds de la table, et qu'ils ne sont pas mis en mouvement.

Eusapia, exerçant sur les parois internes des verres une pression excentrique qui les fixe aux mains, porte les verres renfermant ainsi les mains au-dessus de la table, et même en dehors du périmètre de la table, sans aucun contact avec elle. Elle porte les mains tantôt à droite, tantôt à gauche. La table exécute des mouvements latéraux correspondants, en suivant les mains. Des coups sont frappés dans la table.

Les mains, placées dans les verres, sont portées au-dessus de la table sans aucun contact avec elle ; M. de Watteville saisit les genoux avec les mains, les pieds sont vus par les observateurs. La table est enlevée horizontalement à 0^m,25 de hauteur. Elle reste ainsi quelques secondes, et puis retombe brusquement. De nouveau, dans les mêmes conditions de contrôle, la table est élevée à 0^m,30 environ.

Jusque-là, les observations se sont faites en pleine lumière.

9 h. 3 m. — La table se soulève horizontalement des quatre pieds et reste ainsi quelques secondes. Nous observons, en *pleine lumière*, les quatre pieds de la table et les membres inférieurs d'Eusapia et ne découvrons rien de suspect. Pendant que la table est en l'air, le médium gémit et manifeste un effort pénible. La table retombe brusquement, et le médium pousse un grand soupir.

9 h. 6 m. — Nouvelle lévitation horizontale de la table dans les mêmes conditions, les mains du médium tenues étant situées à 0^m,10 au-dessus de la table.

---

des verres qui auraient suivi, entraînant la table ; mais elle ne put y parvenir, bien qu'elle eût, disait-elle, produit ce phénomène en Italie.

UN APPORT

Dans nos études personnelles sur les phénomènes dus à la force psychique, nous avions obtenu, avec les médiums Bablin et Valentine, des apports dans des conditions de contrôle rigoureux. Nous avions eu la faiblesse d'admettre à ces expériences des curieux, hommes du monde pour la plupart, qui ne présentaient aucune des garanties scientifiques nécessaires pour ces études. Cela nous a valu d'odieuses calomnies dues à l'ignorance de nos assistants, et nous sommes heureux de voir un phénomène d'apport étudié dans de bonnes conditions.

On a été étonné de voir que certains rayons *traversent la matière* la plus opaque. Quel sera l'étonnement de nos savants quand ils découvriront qu'une certaine force (que nous appelons force ou lumière astrale) *dissout la matière la plus dense*, lui fait traverser à l'état radiant les murs les plus épais et *la reconstitue* intégralement dans sa forme première, après ce petit voyage.

C'est un peu, suivant l'excellente comparaison de M. G. Delanne, comme un bloc de glace qui, à l'état de vapeur, passerait à travers un linge fin et serait reconstitué à l'état de bloc de glace de l'autre côté du linge.

Dans ces dernières années, nul n'a mieux étudié le phénomène des apports que Donald-Mac-Nab.

Voyons maintenant le fait rapporté par la commission.

9 h. 30 m. — La lampe est emportée hors du salon, mais à travers la porte pénètre une lumière suffisante pour distinguer les objets. Les mains sont toujours dans les verres, dont l'eau n'a pas été renversée, tant Eusapia maintient ses mains dans une position constante et verticale, position qui ne leur permet pas d'agir par la préhension.

M. Sabatier se couche sous la table, sur le dos, et saisit entre les mains et les bras, très fermement, les pieds et les jambes d'Eusapia. Les mains d'Eusapia, renfermées dans les verres, sont maintenues hors du contact de la table, ce que la lumière permet fort bien de constater. Sur un mouvement de ces mains, la table est renversée et tombe sur les jambes de M. Sabatier. A ce moment, le médium abandonne les verres, et les mains sont saisies l'une, à droite, par le colonel de Rochas, l'autre, à gauche, par M. de Watteville. Chacun de ces observateurs s'applique à tenir solidement et exactement la main qui lui correspond, et la saisit par le poignet et la main qu'il embrasse. M. Sabatier, couché sous la table qui a été redressée, tient fermement les deux membres inférieurs. Eusapia est vêtue d'une robe noire très simple, d'un corsage clair et n'a pas de corset. Avant la séance, Mme A. de Rochas a assisté à sa toilette de séance ; car elle s'allège pour la circonstance, et Mme de Rochas a constaté, avec *grand soin* et *très minutieusement*, qu'il n'y a sur elle aucun moyen de fraude et de supercherie, ni rien d'étranger à son costume. En outre, M. Sabatier, avant le début de la séance, a palpé *très librement* le médium dans presque (1) toute *l'étendue* du *tronc* et des membres, sur sa demande, et n'a rien constaté de suspect. Cette inspection avait lieu lors des précédentes séances, mais, dans le cas actuel, elle a été exercée avec une rigueur et une liberté encore plus com-

---

(1) M. Sabatier dit *presque* parce que, naturellement, il a hésité à porter la main dans certaines parties, comme l'intervalle des seins, où un objet aurait, à la rigueur, pu être caché; mais il faut remarquer qu'Eusapia n'avait pas de corset et que Mme de Rochas l'avait soigneusement examinée quand elle s'habillait.

plètes, si possible, Eusapia l'ayant d'ailleurs sollicitée.

Sur la demande du médium, la lampe est emportée dans le vestibule, la porte en est fermée, et l'obscurité est complète. Eusapia appuie sa tête sur le cou du colonel de Rochas, qui peut, par là, en contrôler les mouvements. Elle promène en tâtonnant sa main droite tenue par la main gauche de M. de Rochas, sur le bras droit de M. de Rochas; la main gauche est maintenue immobile sur la table par M. de Watteville. Pendant qu'elle tâtonne, Eusapia dit en italien : « Je cherche, je cherche », puis : « J'ai trouvé. » Elle s'agite et gémit beaucoup. Au bout de quelques instants, on entend, sur la table, un coup *très violent*, qui retentit très fort sur la tête de M. Sabatier, placé sous la table. Les membres inférieurs d'Eusapia enlacés par M. Sabatier sont restés immobiles.

On apporte la lampe, et l'on trouve, au milieu de la table, un caillou assez volumineux pesant 500 grammes. C'est un calcaire compact, mamelonné d'une part, cassuré de l'autre, semblable à ceux qui se trouvent dans les moraines sur lesquelles est bâtie l'habitation de l'Agnélas (1).

CONCLUSION

Là se terminent les observations que nous avions à faire touchant les expériences de l'Agnélas, du moins en ce qui touche les faits *étudiés*. Soumettons maintenant quelques *desiderata* aux observateurs en cas d'études futures de leur part.

1° Il aurait été très utile de mesurer *au dynamomètre Ch. Henry* la force musculaire du médium *avant* et *après* la séance. Crookes a fait avec Home une seule observation de ce genre, et elle a été très concluante.

---

(1) M. Dariex, qui était fatigué, s'est retiré, après la chute du caillou, pour aller se reposer.

2° A propos des airs de piano, il aurait fallu se rendre compte si les airs sont connus d'Eusapia à l'état normal ou si elle les a entendus souvent, enfin quel est exactement le degré de son instruction musicale, car toute Italienne possède plus ou moins intuitivement la notion de la musique.

3° Regrettons l'absence d'appareils photographiques (ou tout au moins de simples plaques sensibles) braqués au niveau de la table dans les séances obscures.

4° Les mêmes expériences seraient aussi très intéressantes à contrôler au moyen de sujets endormis, comme l'a fait Lecomte pour Mireille (1) et comme nous le demandions dès 1890.

5° Mais ce sont là des questions que l'avenir permettra facilement de résoudre. Nous ne pouvons terminer sans remercier encore M. de Rochas, qui n'appartient à aucune autre école que celle de la science indépendante, d'avoir réuni chez lui cette commission et d'avoir fait un effort de plus pour la conquête de la vérité. Il a mérité grandement non seulement de l'occultisme, mais surtout de l'Humanité, que ses travaux conduisent vers l'Idéal et l'Espérance autant que vers la certitude de l'Immortalité (2).

Papus.

(1) Voy. *Initiation* d'avril 1896.
(2) Nous venons de voir chez M. Iodko des photographies du corps astral entier faites en collaboration avec M. de Rochas. Nous sommes heureux de cette très grande découverte des deux savants.

Administration : 5, rue de Savoie, PARIS

SCIENCES OCCULTES
Occultisme, Magie, Divination, Hypnotisme, Magnétisme, Spiritisme.

L'INITIATION
REVUE PHILOSOPHIQUE DES HAUTES ÉTUDES
Publiée sous la direction de
PAPUS ☿ O. ✠

MENSUELLE. — 100 PAGES. — 10ᵉ ANNÉE. — 60 RÉDACTEURS

L'*Initiation* est justement considérée comme la plus sérieuse et la plus scientifique des Revues étudiant le vaste domaine des phénomènes psychiques, des sciences et des arts occultes: Kabbale, Orientalisme, Sociétés secrètes, Théosophie, Mystique, Magie pratique, Hermétisme, Phénoménologie générale : tels sont les principaux titres sous lesquels se rangent les questions traitées par une pléiade de savants et de littérateurs dont la compétence n'est plus à prouver. Le nombre de ses rédacteurs l'entière liberté d'appréciation qui leur est laissée, à quelque école qu'ils appartiennent, et la diversité de leurs travaux, justifient le succès de l'*Initiation* qui compte aujourd'hui plus de 1.500 lecteurs.

ABONNEMENTS :
Un an (France)... **10** fr. | Union postale..... **12** fr.
Le Numéro.... **1** fr.

Envoi d'un numéro spécimen sur demande affranchie

LE VOILE D'ISIS
LE SEUL JOURNAL HEBDOMADAIRE QUE POSSÈDE LE MOUVEMENT SPIRITUALISTE EN FRANCE
Directeur : PAPUS

Rédacteur en Chef :	*Secrétaire de la Rédaction*
Lucien **MAUCHEL**	P. **SEDIR**

6ᵉ année

ABONNEMENTS	UN AN	6 MOIS	2 MOIS
France	5 fr.	3 fr.	1 fr.
Union postale	6 fr.	3 fr. 50	1 fr. 50

Le numéro : **10** centimes

Le *Voile d'Isis* a déjà publié in extenso : les *Vers dorés de Pythagore* et *Caïn* de Fabre d'Olivet, le *Miroir spirituel d'Amo*, la *Magie astrologique*, la *Mathèse*, etc., etc. Il donne les informations les plus nombreuses et les plus impartiales sur les livres et les événements qui intéressent le mouvement spiritualiste actuel.

EN VENTE les 200 premiers exemplaires contenant les *Vers dorés* et *Caïn* **20** fr.

www.ingramcontent.com/pod-product-compliance
Lightning Source LLC
LaVergne TN
LVHW051510090426
835512LV00010B/2460